Paris
1834

Scribe et Mélesville

Le Chalet

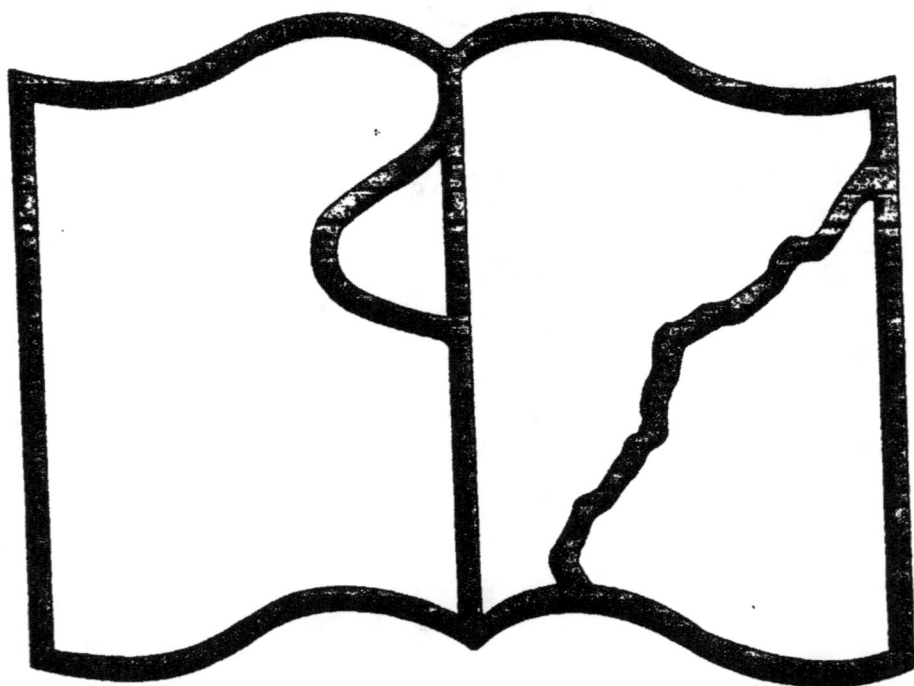

**Symbole applicable
pour tout, ou partie
des documents microfilmés**

Texte détérioré — reliure défectueuse

NF Z 43-120-11

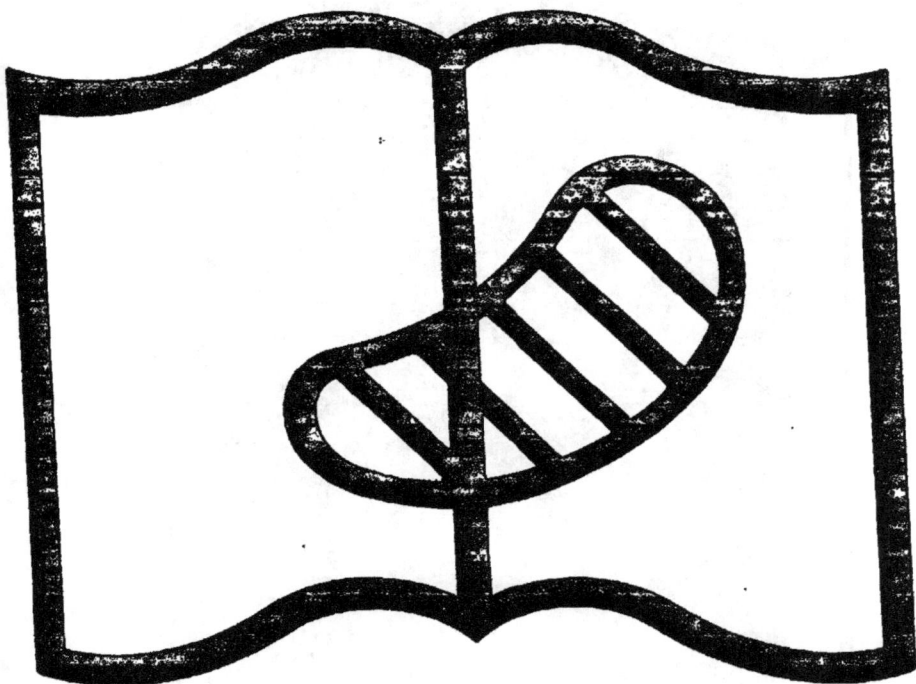

**Symbole applicable
pour tout, ou partie
des documents microfilmés**

Original illisible

NF Z 43-120-10

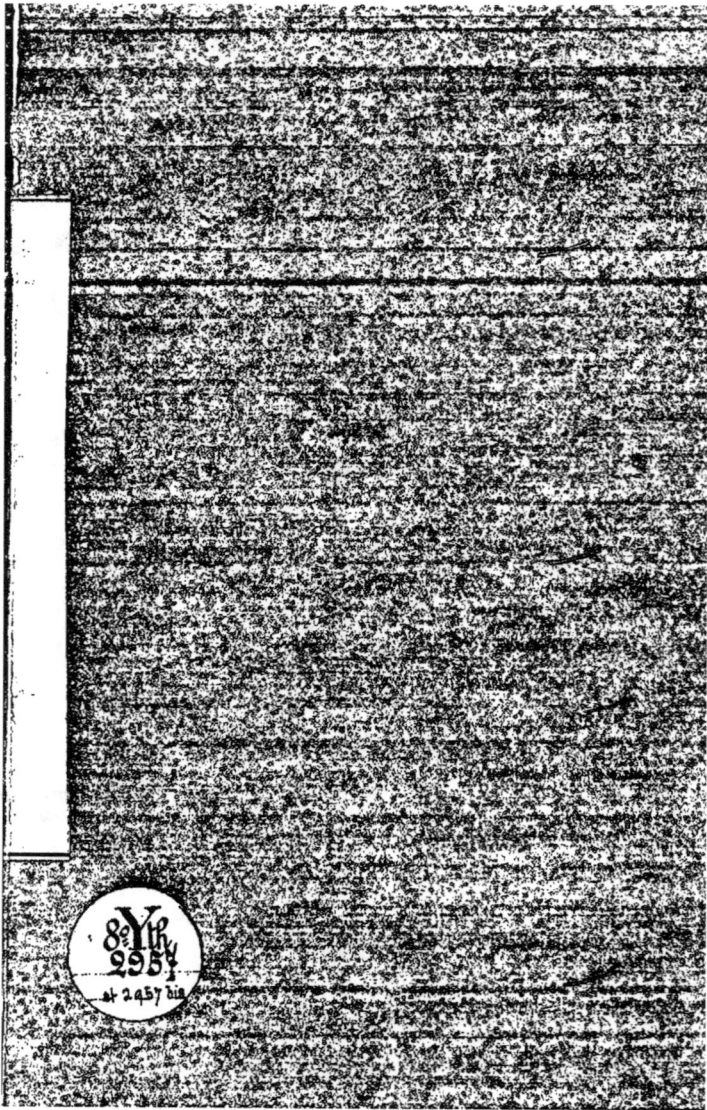

LE CHALET,

Opéra-comique en un acte,

PAROLES DE MM. SCRIBE ET MÉLESVILLE,

MUSIQUE DE M. ADOLPHE ADAM,

REPRÉSENTÉ, POUR LA PREMIÈRE FOIS, A PARIS,

SUR LE THÉATRE ROYAL DE L'OPÉRA-COMIQUE,

LE 25 SEPTEMBRE 1834.

PARIS.

J.-N. BARBA, LIBRAIRE,

PALAIS ROYAL, GRANDE COUR,
DERRIÈRE LE THÉATRE FRANÇAIS.

1834

PERSONNAGES.	ACTEURS.
—	—
DANIEL, jeune fermier...............	M. COUDERC.
MAX, soldat suisse.................	M. INCHINDI.
BETTLY, sœur de Max...............	Mme PRADHER.
CHŒUR DE SOLDATS.	
CHŒUR DE PAYSANS ET PAYSANNES.	

La scène se passe en Suisse dans le canton d'Appenzell.

IMPRIMERIE DE E. DUVERGER,
rue de Verneuil, n. 4.

LE CHALET,

OPÉRA-COMIQUE EN UN ACTE.

❀❀❀❀❀❀❀❀❀❀❀

(Le théâtre représente l'intérieur d'un châlet. Deux portes latérales; une au fond qui s'ouvre sur la campagne et laisse voir dans le lointain les montagnes d'Appenzell.)

————◆◆————

SCENE PREMIERE.

DES JEUNES FILLES *et* DES GARÇONS DU CANTON, *portant des hottes en bois blanc remplies de lait.*

CHOEUR.

Déjà dans la plaine,
Le soleil ramène
Filles et garçons,
Et laitière agile,
Et d'un pas
Partons pour la ville,
Quittons nos vallons!

LES JEUNES FILLES, *appelant.*

Bettly!.. Bettly!.. comment n'est-elle pas ici?
Nous venions la chercher pour partir avec elle!

LES GARÇONS, *à mi-voix et regardant autour d'eux.*

Au rendez-vous, Daniel n'est pas fidèle,
Nous qui voulions rire de lui!

LES JEUNES FILLES.

Sans voir l'effet de notre ruse,
Il faut partir, il est grand jour!

LES GARÇONS.

Mais du faux hymen qui l'abuse,
Ce soir nous rirons au retour!

LE CHALET,

ENSEMBLE.

Déjà dans la plaine, etc.

(Au moment où ils vont partir, Daniel paraît sur la montagne.)

SCENE II.

LES PRÉCÉDENTS, DANIEL.

LES JEUNES FILLES.

C'est lui!.. le voici!.. c'est Daniel,
Le plus beau garçon d'Appenzell.

LES GARÇONS, *entre eux et à mi-voix.*

Qu'il a l'air fier et satisfait !
Il a reçu notre billet!

DANIEL.

AIR.

Elle est à moi !.. c'est ma compagne!
Elle est à moi !.. j'obtiens sa main !
Tous nos amis de la montagne
Seront jaloux de mon destin.

Long-temps insensible et cruelle,
Bettly repoussa mon amour!
Mais je reçois ce billet d'elle,
Et je l'épouse dans ce jour!

Elle est à moi! c'est ma compagne!
Elle est à moi! j'obtiens sa foi!
Tous les garçons de la montagne
Seront jaloux de mon destin !

O bonheur extrême!
Enfin elle m'aime!
Je veux qu'ici même
Chacun soit heureux!
Que tout le village,
Qu'aujourd'hui j'engage
Pour mon mariage,
Accoure en ces lieux!

Que ce soir en cadence
Et les jeux et la danse,

Animent nos coteaux,
Que le haut-bois résonne!
Venez tous!.. je vous donne
Le vin de mes tonneaux!

O bonheur extrême!
Enfin elle m'aime!
Je veux qu'ici même
Chacun soit heureux! etc.

Je suis riche et ce que renferme
Mon cellier, ma grange ou ma ferme,
Prenez... prenez... tout est à vous,
Que tout soit commun entre nous!

ENSEMBLE.

LES JEUNES GENS, *à part*.

Comme il est dupe!.. Ah! c'est charmant!

LES JEUNES FILLES, *à part*.

C'pauvre garçon est si content
Il me fait d'la peine vraiment!

TOUS.

A ce soir!.. à ce soir!..

DANIEL.

A ce soir!.. quel moment!

CHŒUR, *à part*.	DANIEL.
Ah! combien il l'aime!	O bonheur extrême!
Je ris en moi-même	Enfin elle m'aime!
De l'erreur extrême	Je veux qu'ici même
Qui trompe ses vœux!	Chacun soit heureux!
(haut.)	
Oui tout le village,	Que tout le village,
Que Daniel engage	Qu'aujourd'hui j'engage
Pour son mariage,	Pour mon mariage,
Viendra dans ces lieux.	Accoure en ces lieux!

(Ils sortent tous par la porte du fond en regardant Daniel et en se moquant
de lui.)

SCENE III.

DANIEL, *seul et lisant.*

J'ai là sa lettre, j'ai sa promesse : « *Monsieur Daniel, je « vous aime, et aujourd'hui je serai votre femme.* » J'avoue que ça m'a étonné, parce que jamais mademoiselle Bettly ne m'avait donné d'espérance !.. au contraire... mais on dit que les jolies filles ont des caprices, et à ce titre-là elle a le droit d'en avoir; ce n'est pas moi qui lui en voudrai !.. Je lui en veux seulement d'être sortie de si bonne heure... elle devait bien se douter que j'accourrais sur-le-champ ! et Dieu sait si je me suis essoufflé à gravir la montagne !... Après tout, elle a bien fait de se décider... Il y a si long-temps que je l'aime... et puis, comme on dit, les années arrivent pour tout le monde, et elle aurait été tout étonnée un de ces matins de se trouver une vieille fille !... au lieu que ça fera une jeune femme !... la plus jolie ! la plus gracieuse ! (*regardant.*) Oh ! la v'là !... la v'là !... c'est elle !

SCENE IV.

DANIEL, BETTLY.

BETTLY.

Tiens !... c'est vous, monsieur Daniel, comment êtes-vous ici ?...

DANIEL.

C'te question !... c'est moi, mademoiselle Bettly, qui vous demanderai comment n'y êtes-vous pas?

BETTLY.

Parce que le percepteur m'avait fait dire hier qu'il avait une lettre pour moi. Ce ne pouvait être que de mon frère Max... Alors, dans mon impatience, je n'ai pas pu attendre... J'ai été la chercher !... la voilà !

DANIEL, *avec embarras.*

Il se porte bien, monsieur Max... Il n'a pas été tué?...

BETTLY.

Puisqu'il écrit...

DANIEL.

C'est vrai !... c'est que les soldats ça... leur arrive souvent... lui surtout qui se bat depuis si long-temps!

BETTLY.

Voilà quinze ans qu'il nous a quittés!.. J'étais bien jeune...
Mais je me rappelle encore le jour de son départ ; quand
le sac sur le dos il faisait ses adieux à mon père, et à ma
mère... qui vivaient alors !... et que moi il me prit sur ses
genoux en me disant : Adieu, petite sœur, si je ne suis pas
tué, je reviendrai danser à ta noce.

DANIEL.

Ça se trouve bien !...

BETTLY.

Comment cela ?

DANIEL.

C'est-à-dire, non... Ça se trouve mal ! parce que quoique je tienne à faire la connaissance de M. Max,... je ne me
soucie pas d'attendre son retour, pour notre mariage...

BETTLY.

Notre mariage !... D'où te viennent ces idées-là ?

DANIEL.

Pardi ! de vous, mam'selle... Car moi aussi (*déroulant
sa lettre.*) j'ai reçu une lettre... une lettre ben aimable
qui ne me vient pas d'un frère... mais d'une personne que
je chéris plus que tout au monde... plus que moi-même !

BETTLY, *avec surprise.*

Eh bien ?

DANIEL, *déconcerté.*

Eh bien !... Vous me regardez là d'un air étonné... Vous
savez bien que ce billet où l'on promet de m'épouser... est
signé de vous ?...

BETTLY, *prenant la lettre.*

De moi ? ce n'est pas possible !... Et pour de bonnes raisons... d'abord je ne sais ni lire ni écrire ;... c'est-à-dire je
signe mon nom, et très gentiment... mais ça n'est pas
comme ça.

DANIEL.

Est-il possible !... Cet amour, ce mariage... tout ce
bonheur qu'il y avait là-dedans, vous ne l'avez pas promis...
vous ne l'avez pas pensé ?

BETTLY.

Non, vraiment.

DANIEL.

Je suis donc fou !... je perds donc la raison !.. Qu'est-ce que ça signifie ?

BETTLY.

Ça signifie, mon pauvre garçon, que les jeunes filles ou les jeunes gens du village se sont moqués de toi... et de moi !

DANIEL.

Quelle perfidie !... quelle trahison !... Je n'ai plus qu'à m'aller jeter dans le lac...

BETTLY, *le retenant.*

Y penses-tu ?

DANIEL.

Savez-vous bien, mam'selle, que je les ai tous invités à ma noce pour ce soir ; que j'ai commandé les violons... que j'ai commandé le repas ?..

BETTLY.

O ciel !

DANIEL.

J'ai défoncé tous mes tonneaux ; j'ai tué un bœuf, deux moutons... étranglé tous mes canards !... Que voulez-vous, j'étais si heureux... Je voulais que tout le monde s'en ressentît !.. Je n'y étais plus... je ne me connaissais plus... et ce n'est rien encore !... j'ai fait bien pis que cela... j'ai couru chez le notaire...

BETTLY, *effrayée.*

Et tu l'as étranglé aussi ?...

DANIEL.

Non, mam'selle... Mais je l'ai obligé sur-le-champ à me faire un contrat de mariage où je vous donne tout ce que je possède... Car je suis le plus riche du pays... j'ai trois cents vaches à la montagne, une fabrique et deux métairies... Et tout ça était à vous, ainsi que moi, par-dessus le marché... Je l'avais signé, le voilà,... et au lieu de cela, je suis perdu, déshonoré dans le canton !... Ils vont me montrer au doigt.

BETTLY.

Et moi donc !... m'exposer, me compromettre à ce point ! A-t-on jamais vu une pareille extravagance ?... sans réfléchir, sans me consulter, croire à une pareille lettre !...

DANIEL, *timidement.*

Dame ! on croit si vite au bonheur !.. Et puis, tous ces

gens-là qui vont se railler et se moquer de moi... Il nous serait si facile, si vous le vouliez... de nous moquer d'eux!..

BETTLY.

Comment cela?

DANIEL.

En mettant seulement votre nom au bas de cette page...

BETTLY.

Y penses-tu?... Tout serait fini, nous serions mariés.

DANIEL.

C'est justement ce que je veux!

BETTLY.

Et moi je ne le veux pas... tu le sais bien... Je ne veux pas entendre parler de mariage, je l'ai juré...

DANIEL.

Et pourquoi cela?...

BETTLY.

Pourquoi?

COUPLETS.

Dans ce modeste et simple asile
Nul ne peut commander que moi!
Je suis libre, heureuse et tranquille,
Je puis courir partout, je crois,
Sans qu'un mari gronde après moi;
　　Ou si quelque amoureux
　　　　Soupçonneux
　　Veut faire les gros yeux,
　　　　Moi, j'en ris
　　　　Et lui dis:
　　　Liberté chérie,
　　Seul bien de la vie,
　　　Liberté chérie,
(mettant la main sur son cœur.)

　　Règne toujours là!
　Tra, la, la, la, tra la la la,
　Tant pis pour qui s'en fâchera!

DEUXIÈME COUPLET.

J'irais, quand je suis ma maîtresse,
Me donner un maître!.. oui-dà!
Pour qu'à la danse, où l'on s'empresse,
Quand un galant m'invitera,

Mon mari dise : Restez là!
Un époux en fureur
Me fait peur,
C'est alors que mon cœur
Ne dirait
Qu'en secret :
Liberté chérie,
Seul bien de la vie, etc., etc.

DANIEL.

Tra la la! tra la la!.. ce n'est pas des raisons. Dieu! si j'avais assez d'esprit pour en trouver... comme je vous prouverais...

BETTLY.

Quoi?

DANIEL.

Qu'il faut prendre un mari...

BETTLY.

Et à quoi ça me servira-t-il?

DANIEL.

A quoi?... Vous me faites là une drôle de question!.. Ça servirait à vous aimer... n'est-ce donc rien?

BETTLY.

Si vraiment!... mais tu vois bien que tu m'aimes sans cela... que je puis compter sur ton amitié...

DANIEL

Oh! oui, mam'selle...

BETTLY.

Comme toi sur la mienne!.. Car, vois-tu bien, Daniel, je rends justice à tes bonnes qualités... Tu es un brave garçon... un excellent cœur... et si j'épousais quelqu'un, c'est toi que je choisirais.

DANIEL., *avec chaleur.*

Vraiment?...

BETTLY.

Mais calme-toi... je n'épouserai personne!... c'est plus fort que moi... ainsi ne m'en parle plus... ne m'en parle jamais!.. et pour n'y plus songer, tiens, rends-moi un service.

DANIEL.

Un service! parlez, mam'selle... Où faut-il aller? que faut-il faire?

BETTLY.

Seulement me lire cette lettre de mon frère... parce que moi, comme je te l'ai dit, je ne suis pas bien forte !.. je ne suis pas comme toi....

DANIEL.

Qui ai appris à lire, écrire et calculer au collége de Zurich... la belle avance !... On a bien raison de dire que l'érudition ne fait pas le bonheur... (*se reprenant vivement.*) Si fait... si fait... dans ce moment-ci !... puisque je peux vous rendre service... Voyons un peu... (*lisant.*) « Au « camp impérial du prince Charles, ce 1ᵉʳ juin. » Et nous sommes au milieu de juillet... il paraît que la lettre est restée long-temps en route !..

BETTLY.

Ce n'est pas étonnant... l'armée du prince Charles et celle de Souwarof battent, dit-on, en retraite devant les soldats de Masséna, qui interceptent toutes les communications.

DANIEL.

Je comprends... (*lisant.*) « Rien de nouveau, ma chère « Bettly, sinon que je me bats toujours ainsi que mon « régiment, au service de l'Autriche, ce dont nous avons « assez... J'espérais un congé pour aller t'embrasser... »

BETTLY.

Après quinze ans d'absence !.. quel bonheur !... mon pauvre frère !..

DANIEL, *lisant.*

« Mais il paraît qu'il n'y faut plus compter. Ce qui me « fâche, ma chère sœur, c'est qu'à mon retour, je comptais « trouver chez toi un régiment de nièces et de neveux, et « je vois par ta dernière que tu n'as pas encore commencé ! « il serait cependant bientôt temps de s'y mettre... une « fille de ton âge ne peut pas rester inutile... »

Ça, c'est bien vrai !

BETTLY, *avec colère.*

Daniel...

DANIEL, *ployant la lettre.*

Si cela vous déplaît... je n'en lirai pas davantage.

BETTLY.

Eh ! non vraiment... achève !

1

DANIEL, *continuant à lire.*

« Pourquoi n'épouses-tu pas un brave garçon du pays
« dont j'ai reçu une demande en mariage... »

BETTLY.

Et qui donc a osé lui écrire?...

DANIEL, *confus.*

Moi, mam'selle... il y a deux mois.

BETTLY.

Sans mon aveu ?

DANIEL.

Aussi c'était le sien seulement que je demandais! il me
semble que quand on aime légitimement... c'est d'abord
à la famille qu'on doit s'adresser... Faut-il continuer?...

BETTLY.

Sans doute.

DANIEL, *lisant.*

« Ça me paraît un bon parti : il est d'une honnête
« famille, il est riche, il t'aime éperdument... » (*s'arrêtant.*) Le bon frère... vous l'entendez! (*continuant.*) « Il
« a l'air un peu bête... »

BETTLY, *d'un air triomphant.*

Tu l'entends!...

DANIEL, *appuyant.*

« Mais ce n'est pas une raison pour le refuser... au con-
« traire! Je prendrai du reste des informations et si ça te
« convient, il faudra bien, milzieux! que tu l'épouses... »

BETTLY, *arrachant la lettre.*

C'en est trop!... mon frère lui-même n'a pas le droit de
me contraindre... et il suffit qu'il l'exige pour que mon
indifférence devienne de la haine...

DANIEL.

Mais, mam'selle...

BETTLY.

Finissons, je vais au marché...

DANIEL, *voulant l'aider à mettre sa hotte.*

Je ne peux pas vous aider?

BETTLY.

C'est inutile!

DANIEL.

Si au moins je vous accompagnais...

BETTLY.

Je ne le veux pas! et je te déclare en outre qu'on ne voit que toi ici toute la journée, que cela peut me faire du tort et me compromettre... Les filles du pays sont si mauvaises langues... Ainsi à dater d'aujourd'hui, je ne veux plus que tu viennes chez moi... Me contraindre!... Ah! bien oui! Je l'ai dit... tu m'entends; arrange-toi!

(*Elle sort.*)

SCENE V.

DANIEL, *seul s'appuyant sur la table.*

C'est fini! c'est le coup de grace! (*Après un instant de silence.*) Je cherche seulement lequel sera pour moi le plus avantageux de me jeter du haut de la montagne ou de me lancer dans le lac!.. Je n'ai plus d'autre parti à prendre... ce qu'il y a d'ennuyeux c'est de se périr soi-même...D'abord notre pasteur dit que ça n'est pas bien... et puis c'est désagréable!.. et si j'avais quelque ami pour me rendre ce service-là... (*On entend une marche militaire.*) Qu'est-ce que c'est que ça? (*regardant.*) Des militaires qui gravissent la montagne... Seraient-ce des Français, des Autrichiens ou des Russes?.. Non!.. des compatriotes, des soldats du pays... voilà ce qu'il me faut... qu'ils m'emmènent avec eux... qu'ils m'engagent... il y aura bien du guignon si quelque boulet ne me rend pas le service que je demandais tout à l'heure, et au moins je n'aurai pas ma mort à me reprocher. (*leur faisant des signes.*) Par ici, messieurs, par ici. Si mam'selle Bettly était là, elle leur ferait les honneurs; je vais la remplacer.

(Il entre dans la chambre à droite, après avoir introduit Max.)

SCENE VI.

MAX ET UNE DOUZAINE DE SOLDATS DE SA COMPAGNIE.

MAX, *à ses soldats.*

RÉCITATIF.

Arrêtons-nous un peu!.. L'aspect de nos montagnes,
D'ivresse et de bonheur fait tressaillir mon cœur!
Un instant de repos dans ces vertes campagnes
Nous rendra sur-le-champ notre première ardeur.

AIR.

Vallons de l'Helvétie,
Objet de notre amour,
Salut, terre chérie
Où j'ai reçu le jour !

A l'étranger un pacte impie
Vendait et mon sang et ma foi ;
Mais à présent, ô ma patrie !
Je pourrai donc mourir pour toi !

Vallons de l'Helvétie,
Objet de notre amour,
Salut , terre chérie
Où j'ai reçu le jour !

(Il écoute et entend dans le lointain un air de rans des vaches.)

Écoutez !... écoutez... entendez-vous
Ces airs si touchans et si doux ?

Chant de nos montagnes
Qui fais tressaillir,
Toi, de nos campagnes
Vivant souvenir !
Ta douce harmonie,
Tes sons enchanteurs
Rendent la patrie
Présente à nos cœurs !

Auprès d'autres maîtres
Qu'il nous faut servir,
Si tes sons champêtres
Viennent retentir,
La douleur nous gagne ,
Il nous faut mourir,
Ou vers la montagne
Il faut revenir !

Chant de nos montagnes
Qui fais tressaillir,
Toi, de nos campagnes
Vivant souvenir !
Ta douce harmonie,
Tes sons enchanteurs
Rendent la patrie
Présente à nos cœurs !

(*à ses soldats qui sont groupés au fond.*) Mes enfans, repo

sez-vous là quelques instans pour laisser passer la chaleur!..
surtout qu'on observe la discipline... nous ne sommes plus
ici en pays ennemi, et le premier qui s'adresserait à une
poule ou à un lapin, sans ma permission, aurait affaire à
moi ; vous le savez!

TOUS.

Oui, sergent ..

(Ils se groupent en dehors dans le fond et laissent seuls en scène Max
et Daniel.)

SCÈNE VII.

MAX, DANIEL, *revenant deux bouteilles à la main.*

MAX.

Diable m'emporte si je reconnais ma route !... en leur
faisant faire un détour j'ai peur de m'être perdu dans nos
montagnes... (*apercevant Daniel.*) Ah! dis-moi, mon garçon, sommes nous loin d'Hérissau, où doit se réunir demain
tout le régiment...

DANIEL, *après lui avoir versé à boire.*

Vous n'avez pas besoin de vous presser !... en trois
heures de marche vous y serez, et si vous voulez, vous et
votre compagnie, vous arrêter à ma ferme qui est là-bas sur
votre chemin, et y passer la nuit, rien ne vous manquera...
venez chez moi, Daniel Birman.

MAX, *vivement.*

Daniel Birman... du canton d'Appenzell?

DANIEL.

Qu'est-ce qu'il y a d'étonnant à ça ?...

MAX, *lui donnant une poignée de main.*

On m'a parlé de toi dans le pays... et je suis enchanté
de te rencontrer et de faire ta connaissance.

DANIEL.

Il ne tiendra qu'à vous, sergent, car je voulais vous
prier de m'enrôler.

MAX, *étonné.*

Toi!... alors ce n'est plus ça.

DANIEL.

Si vraiment, c'est justement ça; je pars demain matin
avec vous, le sac sur le dos, si vous y consentez, parce
qu'il faut que ça finisse; je suis trop malheureux!

MAX.

Quel malheur? voyons.

DANIEL.

Le plus grand de tous, sergent. Je suis amoureux d'une fille qui ne veut pas de moi.

MAX.

Et qui donc?

DANIEL.

Bettly Sterner...

MAX, *à part.*

Bettly!...

DANIEL.

La plus belle fille du pays... Elle a un frère qui est dans le militaire et que vous avez peut-être connu?..

MAX.

C'est possible...

DANIEL.

Le caporal Max Sterner... qui, peut-être, reviendra bientôt?

MAX.

Le caporal Max?.. je ne crois pas.

DANIEL.

Ça revient au même, car depuis qu'il a écrit à sa sœur de m'épouser, elle ne veut plus entendre parler de moi; elle ne veut plus me voir, elle me renvoie!... et moi, qui ce matin lui avais donné toute ma fortune par contrat de mariage... je vais être obligé de la lui laisser par testament... car je suis décidé à me faire tuer, et voilà pourquoi je m'adresse à vous!

MAX.

Que diable ça veut-il dire?... et qu'est-ce que c'est qu'une tête pareille?..Viens ici, mon garçon...Bettly n'aime donc pas son frère?...

DANIEL.

Si vraiment!...

MAX.

Alors c'est donc toi qu'elle n'aime pas?...

DANIEL.

Mais si... elle me le disait encore ce matin, elle me préférerait à tout le monde...mais c'est le mariage qu'elle n'aime pas... elle veut toujours rester fille; c'est son goût, son idée... elle prétend qu'elle peut se passer de tout le monde... qu'elle n'a besoin de personne !..

MAX.

C'est une folle... une femme à son âge a besoin d'un appui... d'un défenseur... et le meilleur de tous c'est un mari.

DANIEL.

C'est ce que je lui dis toute la journée !

MAX.

Et qu'est-ce qu'elle répond?

DANIEL.

Qu'elle ne voit pas la nécessité de se marier !.. Elle me le répétait encore tout à l'heure, ici, chez elle.

MAX, *avec joie*.

Chez elle !.. je suis chez elle?

DANIEL.

Elle a vendu, à la mort de son père, la maison qu'il avait dans la plaine, et elle a acheté ce châlet.

MAX, *préoccupé*.

C'est bien !... Alors... va-t-en !

DANIEL.

Où ça?..

MAX.

Chez toi !.. chercher tes papiers... ton acte de naissance... il faut ça pour s'engager... N'est-ce pas là ce que tu demandais?..

DANIEL.

Certainement !.. mais c'est que... C'est égal, sergent, je ne vous en remercie pas moins... des bonnes idées que vous avez eues ! Je vas revenir.

MAX.

A la bonne heure !.. Laisse-moi.

DANIEL.

Et demain... je pars avec vous... quoique vous m'ayez donné là un moment d'espoir qui m'a raugmenté le chagrin que j'avais déjà...

MAX, *brusquement*.

Eh bien !.. t'en iras-tu, mille canons !..

DANIEL.

Oui, monsieur le sergent... (*à part.*) C'est y rude et

brutal ces soldats?.. voilà pourtant comme je serai demain !
(*rencontrant un regard de Max.*) Je m'en vas... je m'en
vas... vous le voyez bien.

(Il sort.)

SCENE VIII.

MAX, *puis* LES SOLDATS.

MORCEAU D'ENSEMBLE.

(Sur la ritournelle du morceau suivant, Max va regarder au fond du
théâtre.)

MAX.

Par cet étroit sentier qui conduit au village,
Qui vient là-bas?... C'est elle! ah! si je m'en croyais,
Comme ici je l'embrasserais !

(s'arrêtant.)

Mais non ; point de faiblesse ! oui , montrons du courage !

(aux soldats qui accourent sur un signe de lui.)

Que mes ordres par vous soient suivis à l'instant !

LE CHOEUR.

Parlez! que faut-il faire ?

MAX.

Amis, il faut gaiment
Ici mettre tout au pillage!

LE CHOEUR.

O ciel! y pensez-vous , sergent?
Vous qui prêchez toujours sur un ton si sévère
La discipline militaire!

MAX.

Je vous réponds de tout ! commencez hardiment ;
Je paierai s'il le faut !

TOUS LES SOLDATS, *entre eux et à mi-voix.*

Amis, c'est différent.

TOUS , *avec force.*

Du vin! du rhum! du rack!
Partout faisons main basse ;
Il faut que tout y passe!
Il faut avec audace
Garnir le havresac
Ainsi que l'estomac.
Du vin! du rhum ! du rack !

SCENE IX.

LES PRÉCÉDENS, **BETTLY**.

(Elle entre au milieu du bruit et voit tous les soldats qui parcourent sa chau-
mière : les uns ont décroché une poêle, les autres des broches ; d'autres
prennent des œufs, du beurre, et tous furetent de côté.)

BETTLY, *effrayée*.

Ah! grand Dieu! qu'ai-je vu! Messieurs, que voulez-vous ?

MAX.

Nous voulons à dîner! ainsi, belle aux yeux doux,
Il faut à nous aider que votre talent brille !

BETTLY.

Mais, messieurs, de quel droit?...

MAX, *à un soldat*.

Elle est vraiment gentille !
J'aime ces traits charmans par la crainte altérés.

BETTLY.

Que me demandez-vous?

MAX, *d'un air galant*.

Tout ce que vous aurez.

BETTLY.

Mais je n'ai rien.

MAX.

Pas possible, inhumaine.

PLUSIEURS SOLDATS, *entrant avec des volailles*.

Voici pour les enfans de Mars :
C'est ma conquête.

D'AUTRES, *tenant des lapins*.

Et moi, voici la mienne

MAX.

A nous et lapins et canards!

BETTLY.

Toute ma basse-cour! une pareille audace!...

MAX, *à Bettly*.

Et les clés de la cave

BETTLY.

Ah! c'est aussi trop fort!
Vous ne les aurez pas !

3

D'AUTRES SOLDATS, *entrant avec un panier de vin.*

Par bonheur on s'en passe;

J'ai forcé le cellier !

BETTLY, *courant de l'un à l'autre.*

Ah ! c'est bien pire encor!

LE CHOEUR, *sautant sur les bouteilles.*

Du vin ! du rhum ! du rack !
Partout faisons main-basse!
Il faut que tout y passe ;
Il faut avec audace
Garnir le havresac
Ainsi que l'estomac !
Du vin ! du rhum ! du rack !

BETTLY.

Mon meilleur vin ! celui que pour mon frère
J'avais gardé !

MAX.

Rassure-toi, ma chère !

(buvant.)

C'est tout comme s'il le buvait.

PLUSIEURS SOLDATS, *de même.*

A la santé de notre aimable hôtesse !
Et, pour fêter sa politesse,
Un seul baiser !

MAX, *les repoussant.*

Non, s'il vous plaît !

Je ne permets pas ça.

LES SOLDATS, *entre eux.*

Je comprends... le sergent
Veut la garder pour lui.

MAX.

Probablement.

BETTLY, *effrayée.*

O ciel !

(voyant les soldats qui se mettent à différentes tables à boire et à fumer
pendant que d'autres préparent toujours le dîner.)

Et, qu'est-ce que je vois?
Les voilà donc maîtres chez moi !

(à Max.)

Aux magistrats je vais porter ma plainte.

(Des soldats prennent un banc pour jouer, dont ils barrent la porte.)

SCÈNE IX.

MAX.

Dès demain nous serons loin d'eux.

Mais calmez-vous, soyez sans crainte ;
Pendant quinze jours... c'est heureux,
Vous aurez des soldats aimables et joyeux,
Car tout le régiment doit passer en ces lieux!

BETTLY, *se laissant tomber sur la chaise à gauche.*

Ah! c'est horrible! c'est affreux!

Que vais-je devenir, hélas! au milieu d'eux?

MAX.

PREMIER COUPLET.

Dans le service de l'Autriche
Le militaire n'est pas riche,
Chacun sait ça ;
Mais si sa paie est trop légère,
On s'en console : c'est la guerre
Qui le paiera!
Aussi, morbleu! que de tout l'on s'empare!
Jeune beauté, vieux flacons et cigarre!...
Vive le vin, l'amour et le tabac!
Voilà le refrain du bivouac!

DEUXIÈME COUPLET.

(s'approchant de Bettly.)

Dans les beaux yeux d'une inhumaine,
De sa défaite on lit sans peine
Le pronostic ;
Nulles rigueurs ne nous retiennent ;
De droit les belles appartiennent
Au kaiserlic!

Se divertir fut toujours mon principe ;
Tout est fumée, et la gloire et la pipe!
Vive le vin, l'amour et le tabac!
Voilà le refrain du bivouac!

ENSEMBLE.

BETTLY.	MAX.
Malgré moi je frissonne	De crainte elle frissonne ;
Et de crainte et d'horreur.	J'en ris au fond du cœur!
Hélas! tout m'abandonne	Que l'amitié pardonne
Et je me meurs de peur!	Cet instant de frayeur!

LE CHŒUR.

Notre sergent l'ordonne :
Buvons avec ardeur ;
Oui, la consigne est bonne ,
J'obéis de grand cœur !

(A la fin de cet ensemble , un des soldats se présente à la porte à gauche ,
sans habit et avec un tablier de cuisine.)

LE SOLDAT.

Le dîner vous attend !

MAX.

O nouvelle agréable !
Allons, courons nous mettre à table ;
Et jusqu'à demain. sans façons,
Mes amis, nous y resterons.

ENSEMBLE.

BETTLY.	MAX.
Malgré moi je frissonne	De crainte elle frissonne ;
Et de crainte et d'horreur.	J'en ris au fond du cœur !
Hélas! tout m'abandonne	Que l'amitié pardonne
Et je me meurs de peur !	Cet instant de frayeur !

LE CHŒUR.

Notre sergent l'ordonne :
Buvons avec ardeur ;
Oui, la consigne est bonne ,
J'obéis de grand cœur !

(Max et les soldats entrent par la porte à gauche.)

SCENE X.

BETTLY, *seule.*

Comment ! ils vont loger chez moi jusqu'à demain !..
toute la soirée ! (*avec effroi.*) et la nuit aussi ! et pendant
quinze jours... tout le régiment... Quelle perspective !... et
le moyen de les renvoyer ou de les rendre honnêtes et
polis ?.. Il vaut mieux m'en aller... Mais où me réfugier ?..
Mon plus proche voisin est Daniel, et je ne peux pas aller
lui demander asile... surtout pendant quinze jours... lui
qui n'est ni mon frère, ni mon cousin... et qui n'a pas
de femme !... Et puis, si je quitte mon chalet, ils y mettront
le feu ! je le retrouverai en cendres... ils sont capables de
tout !...

SCENE XI.

BETTLY, DANIEL, *avec un paquet au bout d'un long sabre, et entr'ouvrant la porte au fond.*

BETTLY.

Qui vient là?.. encore quelque ennemi?.. Ah! c'est Daniel!

DANIEL.

Ne vous fâchez pas, mam'selle, si c'est moi...

BETTLY, *d'un ton caressant.*

Je ne me fâche pas, monsieur Daniel...

DANIEL.

Ce n'est pas pour vous que je viens!... c'est à-dire ce n'est pas pour vous contrarier... mais pour retrouver un militaire qui m'a donné rendez-vous ici... un sergent... un bien brave homme!...

BETTLY.

Un brave homme!...

DANIEL.

Oui, mam'selle... lui et ses camarades!... aussi, dès demain, je serai comme eux... je serai des leurs!..

BETTLY.

Y penses-tu?...

DANIEL.

C'est un parti pris... je lui ai donné ma parole... je me fais soldat. Vous voyez que j'ai déjà le principal, j'ai un sabre!... un fameux sabre qui depuis cent ans était accroché à notre cheminée, et qui a servi autrefois à la bataille de Sempach!... Mais il me manquait des papiers... je les ai là, dans mon paquet, et je les apporte au sergent...

BETTLY.

Il est à table avec ses compagnons qui ont mis ici tout sens dessus dessous.

DANIEL.

Ces pauvres gens!.. je leur avais demandé que ce fût chez moi... Ils vous ont donné la préférence... j'en aurais bien fait autant!...

BETTLY.

Eh bien! par exemple!

DANIEL.

Dame!.. je ne vois que le plaisir d'être auprès de vous. Et à propos de ça... et puisqu'il faut que je m'en aille... (*dénouant le paquet qu'il a mis sur la table.*) j'ai un papier à vous remettre... (*tirant plusieurs papiers*). Non , ce n'est pas ça... c'est mon acte de naissance , et maudit soit le jour où il a été paraphé!.. Et ça?.. (*le regardant.*) ah! ce malheureux contrat de mariage... qui était tout prêt et que vous n'avez pas voulu signer!... (*le remettant dans le paquet.*) il a maintenant le temps d'attendre ! (*prenant un autre papier qu'il lui présente.*) Voilà!..

BETTLY.

Qu'est-ce que c'est que ça?

DANIEL.

Mon testament... que je vous prie de garder.

BETTLY.

Quelle idée !...

DANIEL.

C'est un service que je vous prie de me rendre... et qui ne vous oblige à rien de mon vivant !... vous l'ouvrirez seulement quand je serai mort... et je tâcherai que ça ne soit pas long !...

BETTLY.

Monsieur Daniel !...

DANIEL.

Ça commence déjà... car je n'en peux plus... je tombe de fatigue et de sommeil... trois nuits sans dormir !... des courses dans la montagne !... et puis hier et ce matin, tout le mal que je me suis donné pour c'te prétendue noce... (*Geste de Bettly.*) Je n'en parlerai plus... et je m'en vais... car, en restant ici... je vous contrarie...

BETTLY.

Mais du tout... (*à part.*) Il va me laisser seule dans la maison avec tous ces gens-là !..

DUO.

Prêt à quitter ceux que l'on aime,
Doit-on partir si brusquement ?
Et vous pouvez bien ici même
Vous reposer un seul instant !

DANIEL.

Dieu! qu'entends-je ? O surprise extrême!

Tantôt vous m'avez dit d'partir,
Et maintenant, quoi ! c'est vous-même ,
Vous qui daignez me retenir !

BETTLY.

D'un ami l'on peut bien, je pense,
Recevoir les derniers adieux !

DANIEL.

Non, je sens que votre présence
Me rend encor plus malheureux !
Et puisque votre ordre cruel
M'a banni, je m'en vas !..

(Il a repris son paquet et son sabre et va pour sortir.)

BETTLY.

Daniel !

ENSEMBLE.

BETTLY.	DANIEL, *avec joie.*
Encore, encore	Encore, encore
Un seul instant !	Un seul instant !
De vous j'implore	Elle m'implore,
Ce seul moment.	Moi son amant !
(à part.)	
D'effroi saisie ,	Douce magie !
Je tremble, hélas !	Où suis-je, hélas !
(à Daniel, d'un air suppliant.)	
Je vous en prie,	Sa voix chérie
Ne partez pas !	Retient mes pas !

BETTLY.

Vous restez donc auprès de moi ?

DANIEL.

Ah ! j'y consens !.. Mais vous ne voudrez pas ?...

BETTLY.

Pourquoi ?

DANIEL.

Vous ne voudrez pas le permettre !
Car voici le jour qui s'enfuit
Et si je reste ici la nuit,
C'est bien pis que le jour, et vous me l'avez dit,
Ce serait là vous compromettre !

BETTLY , *avec embarras et baissant les yeux.*
C'est vrai !

DANIEL.

Vous voyez bien ! ainsi tout est fini !

BETTLY , *à part, avec effroi.*

Ah ! mon Dieu ! rester seule ici !

(à Daniel, avec embarras.)

Adieu donc !

DANIEL , *près de la porte.*

Adieu !

BETTLY , *le retenant au moment où il va sortir.*

Mon ami !

ENSEMBLE.

BETTLY.	DANIEL, *revenant vivement.*
Encore ! encore	Encore ! encore
Un seul instant !	Un seul instant !
De vous j'implore	Elle m'implore,
Ce seul moment.	Moi son amant !
D'effroi saisie,	Douce magie !
Je tremble, hélas !	Où suis-je, hélas !
Je vous en prie,	Sa voix chérie
Ne partez pas !	Retient mes pas.

BETTLY , *avec un sourire timide.*

Eh ! mais... vous pourriez bien, sans qu'on puisse en médire,
Rester dans la chambre à côté
Jusqu'à demain !..

DANIEL.

O ciel !.. c'est bien la vérité.

Vous le voulez !..

BETTLY.

Sans doute !

DANIEL , *avec joie.*

A peine je respire !

BETTLY.

Je vous appellerai si j'ai besoin de vous !

DANIEL , *avec joie.*

Vraiment !..

(montrant la porte à droite.)

C'est là... près d'elle ! ah ! que mon sort est doux !

(Il prend son sabre, son paquet, et entre dans la chambre à droite, toujours
en regardant Bettly.)

BETTLY , *demeurée seule un instant.*

Sa présence a calmé la frayeur qui me glace !

(Bruit et cris confus à gauche.)

BETTLY, *effrayée, s'élance vers la porte à droite en appelant.*

Daniel ! Daniel !

DANIEL, *sortant vivement de la chambre à droite.*

Qu'est-ce donc ?

BETTLY.

Ah ! de grace,
Restez ici, je l'aime mieux !

DANIEL, *avec ravissement.*

Est-il possible ?

BETTLY.

Eh ! oui ! je l'aime mieux !
Là-bas sur ce fauteuil !.. moi je rentre en ces lieux.

DANIEL.

Bonsoir.

BETTLY.

Bonsoir !
Vous restez là ?

DANIEL.

Pour mon cœur quel espoir !

ENSEMBLE.

DANIEL, *assis dans le fauteuil à gauche.*	BETTLY, *près de la porte à droite.*
O surprise nouvelle !	Dans ma crainte mortelle
Jamais je n'obtins d'elle	Sa présence et son zèle
Aussi douce faveur !	Calment un peu mon cœur !
Mon Dieu, si c'est un rêve,	Que mon tourment s'achève !
Permettez qu'il s'achève !	O mon Dieu, faites trève
Laissez-moi mon bonheur !	A ma juste terreur !

BETTLY, *de loin.*

Il ne s'endort pas, je l'espère !

DANIEL, *les yeux un peu appesantis.*

Quel avenir ! et quel bonheur !..
Mais je sens... déjà... ma paupière !..

(d'une voix plus affaiblie.)

Je suis près d'elle !... ah ! quel bonheur !

BETTLY.

Parlez-moi... je veux vous entendre !

4

DANIEL, *à moitié endormi et prononçant à peine.*
Ah! combien je bénis mon sort!

BETTLY, *écoutant.*
Que dit-il?
(se rapprochant de lui.)
De si loin... l'on ne saurait comprendre!..
Mais vraiment je crois qu'il s'endort!

ENSEMBLE.

BETTLY.	DANIEL, *s'endormant peu à peu.*
Dans ma crainte mortelle	Quelle ivresse nouvelle!
Sa présence fidèle	Jamais je n'obtins d'elle
Rassure un peu mon cœur!	Aussi douce faveur!
Que mon tourment s'achève!	Mon Dieu, si c'est un rêve,
O mon Dieu, faites trève	Permettez qu'il s'achève!
A ma juste terreur!	Laissez-moi mon bonheur!
Loin de lui... j'ai trop peur!	Oui...oui...je rêve le bonheur!

(Elle finit par prendre une chaise et s'asseoir à côté de lui.)

SCÈNE XII.

MAX, *sortant de la porte à droite;* BETTLY, *assise près de Daniel;* DANIEL, *dormant sur le fauteuil à droite.*

MAX, *à part, apercevant Daniel.*
Ah!.. notre jeune fermier!.. elle l'a fait rester! Très bien!
(il s'avance et se place entre Bettly et Daniel.)

BETTLY, *se levant effrayée.*
Dieu! ce soldat!..

MAX.
Moi-même, ma belle enfant... (*affectant un peu d'ivresse.*)
Vive l'amour et la bagatelle!.. Voyez-vous, j'ai servi en
Allemagne... et les Allemands sont toujours aimables...
après dîner!... Or le vôtre était excellent... il faut donc,
pour être juste, que l'amabilité soit en rapport avec le
dîner!...

BETTLY, *à part.*
Et ce Daniel qui ne s'éveille pas!..

MAX.

Nous convenons donc, ma jolie hôtesse, qu'il me faut un petit baiser...

BETTLY.

Une pareille audace...

MAX.

C'est de la reconnaissance !... c'est une galanterie solda-tesque et décente qui ne peut offenser personne !... et ton mari lui-même le permettra... (*montrant Daniel.*) je vais lui demander.

BETTLY, *piquée.*

Cen'est point mon mari...

MAX.

Excusez !... comme il dormait là près de toi... j'avais cru tout naturellement...

BETTLY, *avec fierté.*

Vous vous trompez !... je n'ai pas de mari... je vous prie de le croire...

MAX, *galment.*

Tu n'as pas de mari !.. alors je ne crains plus rien !.. ça ne fait de tort à personne... et puisque tu es libre, puisque tu es ta maîtresse...

BETTLY, *effrayée.*

Monsieur le soldat...

MAX, *la poursuivant.*

Vive l'amour et la bagatelle !

BETTLY.

A moi !.. au secours !..

MAX, *l'embrassant au moment où Daniel s'éveille.*

Tu auras beau faire !...

DANIEL, *s'éveillant.*

Qu'est-ce que je vois là ?...

MAX, *tenant toujours Bettly qui se débat.*

Le triomphe du sentiment !

DANIEL.

Moi qui étais dans un si joli rêve... (*s'élançant entre Max et Bettly qu'il sépare.*) Voulez-vous bien finir ?..

MAX, *avec colère.*

Et de quoi te mêles-tu ?..

DANIEL.

Je me mêle... que ces manières-là me déplaisent, entendez-vous, sergent?..

MAX, *de même et affectant plus d'ivresse.*

Et de quel droit ça te déplait-il?... est-ce ta sœur?

DANIEL.

Non, vraiment!..

MAX.

Est-ce ta femme?..

DANIEL.

Hélas! non...

MAX.

Est-ce ta nièce, ta cousine, ta grand'tante?...

DANIEL.

Non, sans doute... mais cependant, sergent...

MAX, *avec hauteur.*

Mais cependant, morbleu!... c'est à moi alors que ça
déplait... et puisque tu n'as aucun droit légal z'et légitime
de m'ennuyer z'ici, fais-moi le plaisir de battre en retraite
sur-le-champ et vivement.

BETTLY.

O ciel!..

MAX.

Je te l'ordonne!

DANIEL.

Et moi, ça m'est égal... je resterai!...

MAX, *le menaçant.*

Comment! blanc-bec...

DANIEL, *tremblant et se réfugiant près de Bettly.*

Oui... oui... je resterai... j'en ai le droit... c'est mam'-
selle Bettly qui me l'a dit... N'est-ce pas, mam'selle... vous
m'en avez prié... vous me l'avez demandé?...

BETTLY, *tremblante.*

Certainement... je le veux. (*lui prenant le bras.*)je veux
que vous ne me quittiez pas!...

DANIEL.

Vous l'entendez... je ne lui fais pas dire... Vous n'avez
que faire ici... n'est-il pas vrai?.. (*regardant Max qui se*

croise les bras.) Eh bien! je vous demande pourquoi il reste là... Dites-lui donc, mam'selle... dites-lui donc de s'en aller?

MAX.

Non, morbleu!.. je ne m'en irai pas!... car j'y vois clair enfin... Tu es son amant!... tu l'aimes!...

DANIEL.

Pour ce qui est de ça... c'est vrai!

MAX.

Et moi aussi!...

DANIEL.

Est-il possible?..

MAX, *le menaçant.*

Et tu renonceras à l'aimer...

DANIEL, *de même.*

Jamais!...

MAX, *de même.*

Ou sinon...

BETTLY.

Monsieur le sergent... au nom du ciel...

MAX, *froidement.*

Ça ne vous regarde pas... la belle!... c'est une affaire entre nous, une explication z'à l'amiable qui réclame impérieusement l'absence du sexe!.. Ainsi, vous comprenez... vaquez aux travaux du ménage... et nous... ça ne sera pas long. (*durement et lui montrant la porte à droite.*) M'entendez-vous?..

DANIEL.

Oui, mam'selle Bettly... retirez-vous un instant...

BETTLY, *à part, montrant la porte à droite.*

Ah! je n'irai pas loin... (*bas*) monsieur Daniel!..

DANIEL.

Mam'selle Bettly...

BETTLY, *à mi-voix.*

Ah! mon Dieu, que j'ai peur!..

DANIEL, *de même.*

Et moi, donc!...

(Bettly le regarde et sur un geste de Max, sort par la porte à droite.)

SCENE XIII.

MAX, DANIEL.

DUO.

MAX.

Il faut me céder ta maîtresse,
Et renoncer à ton amour.

DANIEL.

Moi! renoncer à ma tendresse!
J'aimerais mieux perdre le jour!

MAX.

C'est alors, suivant la coutume,
Le sabre qui décidera!

DANIEL, *effrayé.*

Que dites-vous?

MAX, *froidement.*

Et je présume
Qu'un de nous deux y périra!

DANIEL, *tremblant.*

Ah! grand Dieu!... mais la perdre... est encor plus terrible!

MAX.

Eh bien?..

DANIEL, *tremblant, mais avec un peu plus de résolution.*

Eh bien... c'est dit...

MAX, *lui prenant la main.*

Touche donc là!..

(voyant qu'il tremble.)

Poltron!..

Ta main tremble!..

DANIEL.

C'est bien possible!..

MAX.

Tu frémis!..

DANIEL.

Je ne dis pas non!

ENSEMBLE.

DANIEL, *à part.*	MAX, *souriant.*
Je sens comme un froid glacial!	Que j'aime son air martial,
Mais c'est égal... oui c'est égal!	Il est tremblant... mais c'est égal!
Bon gré, mal gré	Il se battra, bon gré, mal gré!
Je me battrai!	Il veut se battre, il l'a juré!
Je me battrai,	
Je l'ai juré!	

MAX.

Ainsi le sabre en main... tu le veux !

DANIEL, *fermant les yeux.*

Je le veux!

MAX, *avec ironie.*

Il est brave!

DANIEL.

Non pas!.. mais je suis amoureux !

MAX.

Et de frayeur ton cœur palpite!

DANIEL.

Je n'en ai que plus de mérite;
Se faire tuer... c'est votre état!
Mais moi qui ne suis pas soldat...

ENSEMBLE.

DANIEL.	MAX.
Je sens comme un froid glacial !	Je ris de son air martial!
Mais c'est égal!.. oui c'est égal !	Il est tremblant... mais c'est égal!
Bon gré, mal gré, je me battrai !	Il se battra, bon gré, mal gré!
Je me battrai, je l'ai juré!	Il veut se battre, il l'a juré!

(apercevant Bettly qui, pendant le commencement de ce morceau, a de temps
en temps entr'ouvert la porte à droite.)

MAX , *à part.*

C'est elle!.. elle doit nous entendre!

(à Daniel.)

C'est bien... là-bas je vais t'attendre!

CANTABILE.

MAX.

Dans ce bois de sapins, sous cette voûte sombre,
Qui couvre la montagne et s'étend près de nous.

Nous n'aurons pour témoins que le silence et l'ombre ;
Mais ne vas pas manquer à notre rendez-vous !

DANIEL, *levant les yeux au ciel.*

Dieu ! soutiens mon courage et chasse comme une ombre
Du bien que j'ai perdu le souvenir si doux !

ALLEGRO.

MAX.

Lorsqu'au clocher voisin sonnera la demie,

DANIEL.

De s'apprêter encor faut-il le temps !

MAX.

Je te donne un quart-d'heure !

DANIEL.

On vous en remercie !

MAX.

Je serai là !..

DANIEL, *se donnant du courage.*

J'irai !.. j'irai !

MAX.

Bien ! je t'attends !

ENSEMBLE.

DANIEL.	MAX.
Que l'amour et la gloire	Que l'amour et la gloire
Banissent ma frayeur !	Soutiennent ta valeur !
Oui, je ne veux plus croire	En tout temps la victoire
Que la voix de l'honneur !	Sourit aux gens de cœur !
Pour défendre sa belle	Quand l'amour nous appelle
On a toujours du cœur !	Tous deux au champ d'honneur,
Et si je meurs pour elle,	Expirer pour sa belle
C'est encor du bonheur !	Est encor du bonheur !

MAX.

Tu m'as compris !..

DANIEL.

C'est entendu !

MAX.

Pour la gloire et pour ton amie...

DANIEL.

Pour la gloire et pour mon amie...

MAX.

Lorsque sonnera la demie!

DANIEL.

Lorsque sonnera la demie!

MAX.

Dans le bois de sapins...

DANIEL, *avec fermeté.*

C'est dit... c'est convenu!

ENSEMBLE.

DANIEL, *tout-à-fait décidé.*	MAX.
Oui, l'amour et la gloire	Que l'amour et la gloire
Ont banni ma frayeur,	Soutiennent ta valeur!,
Et je ne veux plus croire	En tout temps la victoire
Que la voix de l'honneur!	Sourit aux gens de cœur!
Pour défendre sa belle	Quand l'amour nous appelle
On a toujours du cœur!	Tous deux au champ d'honneur,
Et si je meurs pour elle,	Expirer pour sa belle
C'est encor du bonheur!	Est encor du bonheur!

(Max sort par la porte du fond.)

SCENE XIV.

DANIEL, BETTLY, *revenant.*

BETTLY, *à part.*

Je me soutiens à peine!... Ce pauvre garçon!.. (*le re-gardant tendrement.*) Se battre avec une frayeur comme celle-là!.. faut-il qu'il soit brave! (*haut.*) Monsieur Daniel!..

DANIEL, *sortant des réflexions où il était plongé.*

Ah! c'est vous, mam'selle?...

BETTLY.

Eh bien?..

DANIEL, *affectant un air riant.*

Eh bien!... ça s'est bien passé!.. il a enfin entendu la raison... et, comme vous le voyez, il s'est en allé... vous en voilà délivrée!... Et maintenant, puisque vous n'avez plus besoin de moi, je vais aussi vous quitter.

BETTLY.

Et où allez-vous?..

5

DANIEL.

Je vais reprendre mon paquet, mes papiers et mon sabre... que j'ai laissés là, dans votre chambre...

BETTLY, *l'arrétant.*

Daniel...

DANIEL.

Il faut que je parte... Je suis soldat... je vous l'ai dit! Mon sergent m'attend... nous avons à faire ensemble, un voyage... qui sera bien long peut-être!.. et si je ne revenais pas, mam'selle Bettly... il ne faut pas que cela vous fasse de la peine... Il faut vous dire, pour vous consoler, que je suis plus heureux comme ça qu'auparavant... (*la regardant.*) quoi! vous pleurez?..

BETTLY.

Oui, je ne puis vous dire ce que je sens là... ce que j'éprouve de crainte... de regrets!...

DANIEL.

Des regrets! est-il possible?.. Ah! si vous me regrettez, voilà plus de bonheur que je n'aurais osé l'espérer!.. et je puis partir maintenant!...

BETTLY, *à part, joignant les mains.*

Comment le retenir ici?

DANIEL.

ROMANCE.

PREMIER COUPLET.

Adieu, vous que j'ai tant chérie!
Je pars pour un climat lointain...
Qu'une fois au moins d'une amie
Ma main puisse presser la main!
Qu'en sortant de cette demeure
J'emporte ce doux souvenir!.,

BETTLY, *à part.*

Si je refuse il va partir!..

(lui tendant la main qu'il embrasse.)

Allons... il faut... lui faire oublier l'heure!

DANIEL.

DEUXIÈME COUPLET.

Adieu, Bettly, vous que j'adore!
Vous. mes premiers, mes seuls amours!

Peut-être un destin que j'ignore
Va nous séparer pour toujours !
Loin de vous, s'il faut que je meure,
Un baiser avant de mourir !

BETTLY.

Si je refuse... il va partir !

(On entend sonner la demie au clocher du village. Bettly penche vers lui sa
joue que Daniel embrasse.)

Allons... il faut lui faire oublier l'heure!

ENSEMBLE.

Allons... il faut lui faire oublier l'heure!

DANIEL, *avec ivresse.*

Mes jours entiers pour une pareille heure !

SCENE XV.

BETTLY, MAX, DANIEL.

MAX, *qui est entré à la fin de la scène précédente, sourit en
les voyant, puis il vient brusquement se placer entre eux.*

Eh bien! l'ami, à quoi diable vous amusez-vous là?.. Il
y a long-temps que la demie a sonné...

DANIEL.

Vous croyez?..

MAX, *lui montrant le sabre qu'il tient sous le bras.*

Le camarade est là pour vous le dire!... nous vous atten-
dons!.. vous comprenez ?...

DANIEL.

Oui, sergent... je vas chercher... ce qu'il faut pour vous
suivre.. mais si vous aviez pu attendre encore un peu! (*à part.*)
Se faire tuer dans un pareil moment ! est-ce désagréable !..

(Il sort par la porte à droite)

SCENE XVI.

MAX, BETTLY.

BETTLY, *qui a remonté le théâtre et suivi Daniel des yeux,
court près de Max.*

Je connais votre dessein et ne le laisserai pas exécuter

MAX.

Qu'est-ce que ça signifie?

BETTLY.

Vous voulez vous battre avec lui... vous voulez le tuer!.. Oh! non... cela n'est pas possible... vous ne le tuerez pas! un si bonnête homme! dont les jours sont si chers et si précieux!

MAX.

Si précieux!... et à qui?

BETTLY.

A ses amis... à sa famille.

MAX.

Lui!.. Il ne tient à rien au monde... il est garçon comme moi; et un garçon, à quoi ça sert-il? Ah! s'il était marié... je ne dis pas... Un homme marié est utile à sa femme et à tous les siens!

BETTLY, *vivement.*

Eh bien! monsieur, si ce n'est que cela... je vous jure qu'il est marié.

MAX.

Lui?

BETTLY.

Oui, sans doute!

SCENE XVII.

MAX, BETTLY, DANIEL.

TRIO.

DANIEL, *tenant sur l'épaule son grand sabre.*

Soutiens mon bras, Dieu que j'implore,
Venge l'amour et l'amitié!

(*regardant son sabre.*)

Ce fer qui va briller encore
Ne pouvait mieux être employé

MAX.

Non vraiment, différons encore;
Qu'entre nous tout soit oublié!
Toujours je respecte et j'honore
Les jours d'un homme marié!

DANIEL, *étonné.*

Qui, moi ? sergent! moi!.. marié !

BETTLY , *bas à Daniel.*

Dites que oui ; je vous l'ordonne!

DANIEL, *vivement.*

C'est vrai! c'est vrai! je l'avais oublié!

MAX , *les regardant d'un air soupçonneux.*

Et pourquoi le cacher ? ce mystère m'étonne.

BETTLY , *vivement.*

Plus d'une raison l'y forçait...
Des raisons de famille autant que de fortune!

MAX.

C'est différent ! Alors dites-moi donc quelle est
Sa femme ?

BETTLY , *embarrassée.*

Quoi... sa femme !

MAX , *brusquement.*

                    Il faut qu'il en ait une!

Je tiens à la voir !

DANIEL..

                    Et pourquoi ?

MAX.

Je veux la voir !..

DANIEL , *avec embarras.*

                    Ma femme !..

BETTLY.

                    Eh bien!... c'est moi !

DANIEL.

Qu'entends-je, ô ciel !..

BETTLY.

                    Silence! et dites comme moi !

(bas, à Daniel.)

Ah! c'est pour vous sauver la vie
Que je vous nomme mon époux!
Dites comme moi, je vous prie...
Mais c'est pour rire, entendez-vous !
Oui, c'est pour rire, entendez-vous !

ENSEMBLE.

DANIEL , *à part, tristement.*	MAX , *à part.*
Quoi ! c'est pour me sauver la vie	Eh quoi ! vraiment sa pruderie
Qu'elle me donne un nom si doux!	Se défend encor contre nous !

Mais ce n'est qu'une raillerie,   De résister je la défie;
Et je ne suis pas son époux;   Il faudra qu'il soit son époux,
Je ne serai pas son époux !   Qu'il soit tout-à-fait son époux.

MAX, *les saluant tous deux.*

Salut alors à monsieur, à madame !

DANIEL, *à Bettly.*

Répondez-lui!

MAX.

Quel est ce ton ?
Lorsque l'on est époux et femme
On se tutoie et sans façon !

DANIEL, *effrayé.*

Quoi,... la tutoyer !..

BETTLY, *à demi-voix, l'y excitant.*

Allons donc !

DANIEL.

Si... tu le veux !

BETTLY.

Et pourquoi non ?

DANIEL.

C'est toi qui le veux !.. Toi !.. ce mot charme mon âme.

MAX.

Mais quand on est époux et femme
On peut embrasser son mari!

DANIEL, *s'éloignant avec effroi.*

Ah ! c'est trop fort !.. oh! que nenni!

MAX, *avec colère et portant la main à son sabre.*

Qu'ai-je entendu?.. de quelque trame
Serais-je la dupe aujourd'hui?

BETTLY, *vivement.*

Non vraiment! et s'il faut vous le prouver ici...

(Elle s'approche de Daniel les yeux baissés, l'embrasse et reprend à mi-voix.)

Ah! c'est pour vous sauver la vie
Qu'ici je vous traite en époux!
Mais n'y croyez pas, je vous prie,
Car c'est pour rire, entendez-vous!
Oui, c'est pour rire, entendez-vous!

ENSEMBLE.

DANIEL, *tristement.*   MAX, *à part.*

Quoi ! c'est pour me sauver la vie   Eh quoi ! vraiment sa prudence
Qu'elle accorde un baiser si doux !   Se défend encor contre nous!

Mais ce n'est qu'une raillerie,   De résister je le défie,
Et je ne suis pas son époux !   Il faudra qu'il soit son époux !

BETTLY.

Et maintenant je le suppose,
De cet hymen vous ne douterez pas!

MAX.

Oh! si vraiment! et j'exige autre chose!

DANIEL *et* BETTLY, *effrayés.*

O ciel!

MAX, *montrant Daniel.*

Il doit avoir des papiers, des contrats...
Que sais-je?... il me l'a dit!

DANIEL.

Rien n'est plus véritable!
(montrant la chambre à droite.)

Je l'avais là!...

MAX.

Je veux le voir!

(à Bettly.)

Qu'on me l'apporte!.. allez!

(Bettly entre dans la chambre à droite.)

DANIEL, *la regardant sortir.*

Ah! plus d'espoir!

MAX,

Je saurai bien s'il est valable!

DANIEL, *à part.*

Il ne l'est pas! ô sort infortuné,
C'est de moi seul qu'hélas! il est signé!

MAX, *criant à haute voix, et de manière à ce que Bettly l'entende.*

Je connaîtrai, morbleu, si l'on m'abuse!

DANIEL, *toujours à part.*

En le voyant il va découvrir notre ruse!

(rentre Bettly qui, les yeux baissés, présente à Max un contrat qu'il prend de
sa main.)

DANIEL, *à part, regardant Max qui examine le contrat.*

Je n'ai plus qu'à mourir!.. pour moi tout est fini!

MAX, *regardant au bas du contrat.*

C'est bien : signé : Daniel; plus bas, signé : Bettly!

DANIEL, *avec joie.*

O ciel!

BETTLY, *qui est près de lui, lui mettant la main sur la bouche.*

Ah!... ce n'est qu'une ruse!

Le contrat ne vaut rien!.. celui dont je dépends,

Mon frère, ne l'a pas encor signé!..

MAX, *qui pendant ce temps s'est approché de la table à droite, et a signé le contrat.*

Tu mens!..

(le donnant à Daniel.)

Tenez... tenez, mes enfans!

DANIEL, *lisant.*

Que vois-je? Max!... sergent!

BETTLY.

Grands dieux!

MAX, *lui ouvrant ses bras.*

C'est moi!... ton frère!

DANIEL.

Lui!

MAX.

Qui vous trompait tous deux

Pour vous forcer d'être heureux!

ENSEMBLE.

DANIEL *et* BETTLY.	MAX.
Ah!n'est-ce pas une erreur qui m'abuse!	Non ce n'est pas une erreur qui t'abuse,
C'est un frère qui nous chérit!	C'est un frère qui te chérit!
Oui, notre amour pardonne cette ruse	Que votre amour pardonne cette ruse
A l'amitié qui nous unit!	A l'amitié qui vous unit!

SCENE XVIII.

LES PRÉCÉDENS, PAYSANS *et* PAYSANNES, *revenant de la ville,* SOLDATS, *entrant par la gauche.*

DANIEL, *courant à eux.*

Mes amis, venez vite!

Ici je vous invite,

Car je suis son époux!

TOUS.

O ciel! que veut-il dire!

DANIEL.

De moi vous voulez rire,

Et je me ris de vous!

SCÈNE XVIII.

MAX, *à ses soldats.*

Et vous, mes camarades,
Venez! buvez rasades!
Et reprenons soudain
Notre joyeux refrain :

Vive le vin, l'amour et les combats!
Voilà, voilà le refrain des soldats!

CHŒUR.

Amans, guerriers, répétons tour à tour :
Vive le vin, les combats et l'amour!

FIN.

LE CHALET,

OPÉRA-COMIQUE EN UN ACTE,

Paroles de MM. Scribe et Mélesville,

Musique de M. Adolphe Adam,

REPRÉSENTÉ POUR LA PREMIÈRE FOIS

À Paris, sur le théâtre royal de l'Opéra-Com., le 25 septembre 1834,
et à Lyon, sur le Grand-Théâtre, le 16 janvier 1835.

Programme.

PERSONNAGES.	ACTEURS DE PARIS.	DE LYON.
DANIEL, jeune fermier,	M. COUDERC.	DÉRANCOURT.
MAX, soldat suisse,	M. INCHINDI.	BECQUET.
BETTLY, sœur de Max,	Mme PRADHER.	DÉRANCOURT.

Soldats. — Paysans. — Paysannes.

La scène se passe en Suisse, dans le canton d'Appenzell.

ANALYSE.

(Le théâtre représente l'intérieur d'un chalet.)

Au lever du rideau les paysans partent pour aller vendre leurs fromages et leur lait à la ville voisine; Daniel, jeune fermier, leur fait part de son bonheur et leur apprend que sa bien-aimée Bettly, Arsène villageoise, qui avait trop de fierté pour se soumettre à l'esclavage, consent à l'épouser et lui signifie ses dispositions par une lettre missive. Les paysans s'éloignent après l'avoir félicité, Bettly paraît et dément le contenu du billet : c'est une plaisanterie qu'ont faite quelques malins du village pour s'amuser aux dépens du trop crédule Daniel. Bettly n'a pas changé de sentiment, elle a beaucoup d'amitié pour Daniel, mais elle ne veut pas l'épouser. Daniel est désespéré, il a commandé le repas de noce et fait dresser le contrat qu'il a dans sa poche. Bettly le prie alors de lui lire une lettre de son frère, sergent dans un régiment autrichien, par laquelle ce dernier la prie, n'ayant plus de parens, et lui, se trouvant très-éloigné d'elle, de faire un choix et de se jeter dans les liens de l'hyménée ; Bettly se fâche encore plus fort, dit que personne n'a le droit de disposer de sa main, et laisse ainsi le pauvre Daniel plongé dans sa rêverie. Celui-ci délibère sur l'avantage qu'il y aurait de se noyer dans le lac, au lieu de se briser les os dans le fond d'un précipice, quand il entend une marche militaire. Des soldats arrivent ; Daniel va trouver le sergent, lui nomme l'inhumaine qui cause son désespoir et demande à s'enrôler ; ce dernier lui fait espérer que, grâce à sa protection, il y aura encore une place de fusilier pour lui.

Ce sergent n'est autre que Max Steiner, le frère de Bettly. En arrivant, il avait recommandé à son escouade le plus grand respect pour les propriétés ; mais lorsqu'il apprend qu'il est chez sa sœur qu'il n'a pas vue depuis 15 ans, il change tout-à-coup de gamme. Il n'est pas fâché de donner une leçon à celle qui veut toujours rester fille, en lui prouvant qu'elle a besoin d'un protecteur : il garde donc l'incognito, et fait ravager le châlet et son clos par ses compagnons. On immole les lapins, on plume les canards, on pille la cave, et la pauvre Bettly arrive au milieu de cette scène de saccagement. Le sergent s'est grisé, il fait la cour à la belle, et veut l'enlever à son rival ; Daniel se décide à la disputer le sabre à la main. Le rendez-vous est donné et accepté. Bettly, qui a entendu cette altercation, éprouve alors un tendre intérêt pour le malheureux qui se dévoue sans être aimé ; il va mourir peut-être ; elle consent à l'embrasser. Le sergent, qui revient pour chercher son adversaire, lui demande de quel droit il embrasse Bettly. Le sergent est trop honnête homme pour aller sur les brisées d'un rival légitime ; il ne cherche point à troubler les ménages. Bettly assure en tremblant qu'elle est la femme de Daniel, mais en lui disant tout bas qu'elle a recours à cette ruse pour le sauver du danger. Le sergent veut d'autres preuves ; il fait répéter le baiser conjugal, demande à voir le contrat. Daniel le donne à Bettly, qui s'empresse de le signer à la dérobée, afin de tromper le militaire brutal. Cet acte, ainsi expédié, reçoit son complément par la signature de Max Steiner, le sergent, qui se fait ainsi reconnaître. Ce brave soldat a voulu prouver à sa sœur qu'un mari pouvait être bon à protéger sa femme, et que le lien conjugal était quelquefois respecté par les galans.

Le poème de cet opéra est imité d'une pastorale de Goëthe, intitulée *Jerry et Bettly*.

CHOIX DES MORCEAUX

CHANTÉS DANS LE CHALET.

CHŒUR.

Déjà dans la plaine
Le soleil ramène
Filles et garçons ;
Et d'un pas agile
Partons pour la ville .
Quittons nos vallons !

DANIEL.

AIR.

Elle est à moi !... c'est ma compagne !
Elle est à moi !... j'obtiens sa main !
Tous nos amis de la montagne
Seront jaloux de mon destin.

Long-temps insensible et cruelle,
Bettly repoussa mon amour !
Mais je reçois ce billet d'elle,
Et je l'épouse dans ce jour !
Elle est à moi ! c'est ma compagne, etc,

O bonheur extrême !
Enfin elle m'aime !
Je veux qu'ici même
Chacun soit heureux !
Que tout le village,
Qu'aujourd'hui j'engage
Pour mon mariage ,
Accoure en ces lieux !

Que ce soir en cadence
Et les jeux et la danse,
Animent nos coteaux ,
Que le haut-bois résonne !
Venez tous !... je vous donne
Le vin de mes tonneaux !
O bonheur extrême ! etc.

Je suis riche et ce que renferme
Mon cellier, ma grange ou ma ferme ,
Prenez... prenez... tout est à vous,
Que tout soit commun entre nous !

BETTLY.

COUPLETS.

Dans ce modeste et simple asyle
Nul ne peut commander que moi !
Je suis libre, heureuse et tranquille,
Je puis courir partout, je croi,
Sans qu'un mari gronde après moi ;
   Ou si quelque amoureux
      Soupçonneux
  Veut faire les gros yeux,
      Moi, j'en ris
      Et lui dis :
    Liberté chérie,
    Seul bien de la vie,
    Liberté chérie,
    Règne toujours là !
  Tra, la, la, la, tra la la la,
  Tant pis pour qui s'en fâchera !

2ᵉ Couplet.

J'irais, quand je suis ma maîtresse,
Me donner un maître !... oui-dà !
Pour qu'à la danse, où l'on s'empresse,
Quand un galant m'invitera,
Mon mari dise : Restez-là !
   Un époux en fureur
     Me fait peur,
  C'est alors que mon cœur
     Ne dirait
    Qu'en secret :
  Liberté chérie, etc.

MAX.

RÉCITATIF.

Arrêtons-nous un peu !... L'aspect de nos montagnes,
D'ivresse et de bonheur fait tressaillir mon cœur !
Un instant de repos dans ces vertes campagnes
Nous rendra sur-le-champ notre première ardeur.

AIR.

  Vallons de l'Helvétie,
  Objet de notre amour,
  Salut, terre chérie
  Où j'ai reçu le jour !

A l'étranger un pacte impie
Vendait et mon sang et ma foi ;
Mais à présent, ô ma patrie !
Je pourrai donc mourir pour toi !
Vallons de l'Helvétie, etc.
Ecoutez !... écoutez... entendez-vous
Ces airs si touchans et si doux ?

Chant de nos montagnes
Qui fait tressaillir,
Toi, de nos campagnes
Vivant souvenir,
Ta douce harmonie,
Tes sons enchanteurs
Rendent la patrie
Présente à nos cœurs !

Auprès d'autres maîtres
Qu'il nous faut servir ,
Si tes sons champêtres
Viennent retentir,
La douleur nous gagne ,
Il nous faut mourir,
Ou vers la montagne
Il faut revenir !
Chant de nos montagnes , etc.

ENSEMBLE.
Du vin ! du rhum ! du rach !
Partout faisons main basse ;
Il faut que tout y passe !
Il faut avec audace
Garnir le havresac
Ainsi que l'estomac.
Du vin ! du rhum ! du rack !

MAX.
1er Couplet.

Dans le service de l'Autriche,
Le militaire n'est pas riche,
Chacun sait ça ;
Mais si sa paye est trop légère,
On s'en console ; c'est la guerre
Qui le paîra !
Aussi, morbleu ! que de tout l'on s'empare !
Jeune beauté, vieux flacons et cigarre !
Vive le vin, l'amour et le tabac !
Voilà le refrain du bivouac !

Dans les beaux yeux d'une inhumaine,
De sa défaite on lit sans peine
Le pronostic;
Nulles rigueurs ne nous retiennent;
De droit les belles appartiennent
Au kaiserlic!
Se divertir fut toujours mon principe;
Tout est fumée, et la gloire et la pipe!
Vive le vin, l'amour et le tabac!
Voilà le refrain du bivouac!

EN CHŒUR.

Notre sergent l'ordonne :
Buvons avec ardeur;
Oui, la consigne est bonne,
J'obéis de grand cœur.

DUO.

BETTLY.   Prêt à quitter ceux que l'on aime,
Doit-on partir si brusquement?
Et vous pouvez bien ici même
Vous reposer un seul instant!

DANIEL.   Dieu! qu'entends-je? O surprise extrême!
Tantôt vous m'avez dit d' partir,
Et maintenant, quoi! c'est vous-même,
Vous qui daignez me retenir!

BETTLY.   D'un ami l'on peut bien, je pense,
Recevoir les derniers adieux!

DANIEL.   Non, je sens que votre présence
Me rend encor plus malheureux!
Et puisque votre ordre cruel
M'a banni, je m'en vas!...

BETTLY.   Daniel.

ENSEMBLE.

BETTLY.	DANIEL.
Encore, encore	Encore, encore
Un seul instant!	Un seul instant!
De vous j'implore	Elle m'implore,
Ce seul moment.	Moi son amant!
D'effroi saisie,	Douce magie!
Je tremble, hélas!	Où suis-je, hélas!
Je vous en prie,	Sa voix chérie
Ne partez pas!	Retient mes pas!

7

DUO.

MAX.   Il me faut céder ta maîtresse,
Et renoncer à ton amour.

DANIEL.   Moi! renoncer à ma tendresse!
J'aimerais mieux perdre le jour!

MAX.   C'est alors, suivant la coutume,
Le sabre qui décidera!

DANIEL. Que dites-vous? — MAX. Et je présume
Qu'un de nous d'eux y périra!

DAN. Ah! grand Dieu! mais la perdre est encor plus terrible!
MAX. Eh bien? — DANIEL. Eh bien!... c'est dit...
MAX. Touche donc là!... Poltron!...
Ta main tremble!... — DANIEL. C'est bien possible!
MAX. Tu frémis!... — DANIEL. Je ne dis pas non!

ENSEMBLE.

DANIEL.	MAX.
Je sens comme un froid glacial!	Je ris de son air martial!
Mais c'est égal!... oui c'est égal!	Il est tremblant...mais c'est égal!
Bon gré, mal gré, je me battrai!	Il se battra, bon gré, mal gré!
Je me battrai, je l'ai juré!	Il veut se battre, il l'a juré!

CANTABILE.

MAX.

Dans ce bois de sapins, sous cette voûte sombre,
Qui couvre la montagne et s'étend près de nous,
Nous n'aurons pour témoins que le silence et l'ombre;
Mais ne va pas manquer à notre rendez-vous!

DANIEL.

Dieu! soutiens mon courage et chasse comme une ombre
Du bien que j'ai perdu le souvenir si doux!

ALLEGRO.

MAX. Lorsqu'au clocher voisin sonnera la demie,
DANIEL. De s'apprêter encor faut-il le temps!
MAX. Je te donne un quart-d'heure!
DANIEL.   On vous en remercie!
MAX. Je serai là! — D. J'irai, j'irai! — M. Bien! je t'attends!

ENSEMBLE.

DANIEL.	MAX.
Que l'amour et la gloire	Que l'amour et la gloire
Bannissent ma frayeur!	Soutiennent ta valeur!
Oui, je ne veux plus croire	En tout temps la victoire
Que la voix de l'honneur!	Sourit aux gens de cœur!
Pour défendre sa belle	Quand l'amour nous appelle
On a toujours du cœur!	Tous deux au champ d'honneur,
Et si je meurs pour elle,	Expirer pour sa belle
C'est encor du bonheur!	Est encor du bonheur!

DANIEL.

ROMANCE.

1ᵉʳ Couplet.

Adieu, vous que j'ai tant chérie !
Je pars pour un climat lointain...
Qu'une fois au moins d'une amie
Ma main puisse presser la main !
Qu'en sortant de cette demeure
J'emporte ce doux souvenir !..

BETTLY. Si je refuse il va partir !
Allons... il faut,.. lui faire oublier l'heure !

2ᵉ Couplet.

DANIEL. Adieu, Bettly, vous que j'adore!
Vous, mes premiers, mes seuls amours !
Peut-être un destin que j'ignore
Va nous séparer pour toujours !
Loin de vous, s'il faut que je meure,
Un baiser avant de mourir !

BETTLY. Si je refuse il va partir !
Allons... il faut lui faire oublier l'heure !

TRIO.

BETTLY. Ah ! c'est pour vous sauver la vie
Que je vous nomme mon époux !
Dites comme moi, je vous prie...
Mais c'est pour rire, entendez-vous !
Oui, c'est pour rire, entendez-vous !

FINAL.

DANIEL. Mes amis, venez vîte !
Ici je vous invite,
Car je suis son époux !

TOUS. O ciel ! que veut-il dire !

DANIEL. De moi vous vouliez rire,
Et je me ris de vous !

MAX. Et vous, mes camarades,
Venez ! buvez rasade !
Et reprenons soudain
Notre joyeux refrain :
Vive le vin, l'amour et les combats !
Voilà, voilà le refrain des soldats !

CHŒUR. Amans, guerriers, répétons tour à tour :
Vive le vin, les combats et l'amour !

LYON. — IMPRIMERIE DE J. M. BOURSY, RUE DE LA POULAILLERIE.

www.ingramcontent.com/pod-product-compliance
Lightning Source LLC
LaVergne TN
LVHW022156080426
835511LV00008B/1437